Jean GRAVE

La Colonisation

Prix : 10 centimes

Aux Bureaux des « TEMPS NOUVEAUX », 4, rue Broca, Paris

Groupe de Propagande par la Brochure

La propagande par la Brochure est une des meilleures propagandes si on peut la faire avec suite.

Le Révolté, La Révolte, Les Temps Nouveaux s'y sont employés de leur mieux. A l'heure actuelle, plus de 60 brochures diverses, dont les différents tirages réunis, dépassent un million d'exemplaires, ont été lancées par eux.

Malheureusement, les fonds manquent pour pouvoir en imprimer plus souvent de nouvelles, ou réimprimer, lorsque c'est nécessaire, celles qui sont épuisées.

Il s'agit donc de trouver **500** souscripteurs s'engageant à verser chacun 12 fr. par an. Nous serions alors en mesure d'imprimer chaque mois — ou de réimprimer parmi celles épuisées — une nouvelle brochure de **0** fr. **10** ou deux de **0** fr. **05**.

Par contre, voici les avantages que nous offrons aux souscripteurs :

1° A chaque tirage, il leur sera expédié autant d'exemplaires que le comportera le montant de leur souscription calculé avec une remise de 40 0/0, frais d'envoi déduits

Ce qui leur permettra de s'employer à la propagande, en faisant circuler les brochures parmi ceux qu'ils connaissent, soit en les distribuant eux-mêmes, soit par la poste lorsqu'ils ne voudront pas faire savoir qu'ils s'intéressent à la propagande ;

2° A chaque souscripteur qui sera libéré de sa souscription, il sera envoyé une lithographie spécialement tirée pour les souscripteurs.

Cette lithographie qui sera demandée à l'un des artistes qui ont déjà donné au journal, ne sera pas mise en vente et vaudra à elle seule, largement, le prix de souscription ;

3° A ceux qui souscriront **15** francs par an, il sera expédié un nombre de brochures dont le montant égalera celui de la souscription, calculé, toujours avec une remise de 40 0/0, plus une eau-forte qui, elle aussi, sera tirée spécialement pour eux, et non mise dans le commerce.

Ceux qui savent le prix d'une eau-forte artistique apprécieront le cadeau que nous leur offrons ;

4° A ceux qui souscriront au-dessus de **15** francs, il sera fait cadeau de la lithographie et de l'eau-forte.

Au camarade qui nous trouvera **10** souscripteurs, il sera fait cadeau de la lithographie. — Celui qui en trouvera **20**, recevra l'eau-forte.

Les souscriptions peuvent être versées par fractions mensuelles ou trimestrielles, etc., au gré des souscripteurs.

A ceux qui s'engageront mensuellement et qui ne se libéreraient pas de leur promesse, il sera, à la fin du trimestre, adressé un remboursement pour les 3 mois.

Adresser les souscriptions au camarade Ch. BENOIT,
3, rue Bérite, PARIS.

N.-B. — En discutant avec des camarades, il est facile de leur glisser une brochure, et de leur arracher deux sous. Les souscripteurs pourront ainsi récupérer le montant de leur souscription, et augmenter leur propagande.

Brochures à l'étude : *Les trois complices (Prêtre, Juge, Soldat),* de R. Changhi. — *Origines et morale du Christianisme,* de Letourneau. — *L'Anarchie et l'Église,* de Reclus (revue). — *La Loi et l'Autorité,* de Kropotkine — *L'Exploitation de 'Enfance dans les Verreries,* de Ch. Delzant. — *La Guerre,* de Kropotkine.

LA COLONISATION

Publications des « TEMPS NOUVEAUX » — Nº 15

JEAN GRAVE

LA COLONISATION

Prix : 0 fr. 10

2ᵉ Tirage, 10,000 Exemplaires

PARIS

LES TEMPS NOUVEAUX

4, Rue Broca, 4

1912

LA COLONISATION

La colonisation prend trop d'expansion à notre époque pour que les anarchistes ne disent pas leur mot sur cette question. A l'heure où les nations dites civilisées se disputent des zones d'influence en Afrique : en Tripolitaine, au Congo, au Maroc, se partageant les peuples comme un bétail, tout cela cachant les plus louches combinaisons financières ; les pasteurs de peuples, n'étant plus que les chargés d'affaires des requins de la finance, des tripoteurs d'affaires véreuses, nous devons nous élever contre ce produit hybride du patriotisme et du mercantilisme combinés, — brigandage et vol à main armée, à l'usage des dirigeants.

Un particulier pénètre chez son voisin ; il brise tout ce qui lui tombe sous la main, fait la rafle de ce qu'il trouve à sa convenance, c'est un criminel ; la « Société » le condamne. Mais qu'un gouvernement se trouve acculé à une situation intérieure où le besoin d'un *dérivatif* extérieur se fasse sentir ; qu'il soit encombré chez lui de bras inoccupés, dont il ne sait comment se débarrasser, de produits qu'il ne sait comment écouler, que ce gouvernement aille porter la guerre chez des populations lointaines, qu'il sait trop faibles pour pouvoir lui résister, qu'il s'empare de leur pays, les soumette à tout un système d'exploitation, leur impose ses produits, les massacre si elles tentent de se soustraire à l'exploitation qu'il fait peser sur elles, oh ! alors, ceci est moral ! Du moment que l'on opère en grand, cela mérite l'approbation des honnêtes gens ; cela ne s'appelle plus vol ni assassinat ; il y a un mot honnête pour couvrir les malhonnêtes choses que la société commet ; on appelle cela « civiliser » les populations arriérées !

****

Et que l'on ne crie pas à l'exagération ! Un peuple n'est réputé colonisateur que quand il a su tirer, d'une contrée, le maximum des produits qu'elle peut rendre. Ainsi, l'Angleterre est un pays colonisateur, parce qu'elle sait faire « rendre » à ses colonies le bien-être pour ceux qu'elle y envoie, qu'elle sait faire rentrer dans ses coffres les impôts dont elle les frappe.

Dans les Indes, par exemple, ceux qu'elle y envoie font des fortunes colossales ; le pays, il est vrai, est bien ravagé de temps à autre par des famines épouvantables, qui déciment des centaines de milliers d'hommes : qu'importent les détails, si John Bull peut y écouler ses produits manufacturés, en tirer, pour son bien-être, ce que le sol de la Grande-Bretagne ne peut lui fournir. Ce sont les bienfaits de la civilisation !

Aujourd'hui, il est vrai, il faut déchanter. L'Inde fait concurrence aux produits de la « Mère Patrie ». Qu'à cela ne tienne, les capitalistes y transporteront leurs capitaux et leurs usines, et, comme les Hindous se nourrissent d'une poignée de riz, on pourra encore édifier des fortunes ; tant pis si les ouvriers anglais paient la différence. — Pour leur faire prendre patience, on leur promettra l'empire du monde, et on les lancera contre les Boërs ou les Allemands.

En France, c'est autre chose, on n'est pas colonisateur. Oh ! rassurez-vous, cela ne veut pas dire que l'on soit moins brigand, que les populations conquises soient moins exploitées, non ; seulement, on est moins « pratique ». Au lieu d'étudier les populations que l'on conquiert, on les livre aux fantaisies du sabre, on les soumet au régime de la « Mère Patrie »; si les populations ne peuvent s'y plier, tant pis pour elles, elles disparaîtront petit à petit, sous l'action débilitante d'une administration à laquelle elles n'étaient pas habituées. Qu'importe ? Si elles se révoltent, on leur fera la chasse, on les traquera comme des fauves, le pillage sera alors non seulement toléré, mais commandé ; cela s'appellera une « razzia ».

La bête féroce que l'on élève et entretient sous le nom de soldat est lâchée sur des populations inoffensives qui se voient livrées à tous les excès que pourront imaginer ces brutes déchaînées : on viole les femmes, on égorge les enfants, des villages sont livrés aux flammes, des populations entières sont chassées dans la plaine où elles périront fatalement de misère. Ce n'est rien que cela, laissez passer, c'est une nation policée, qui porte la civilisation chez des sauvages !

.*.

Certes, à bien examiner ce qui se passe tous les jours autour de nous, tous cela n'a rien d'illogique ni d'anormal ; c'est bien le fait de l'organisation actuelle ; rien d'étonnant à ce que ces « hauts faits » d'armes obtiennent l'assentiment et les applaudissements du monde bourgeois. La bourgeoisie est intéressée à ces coups de brigandage, ils lui servent de prétexte à entretenir des armées permanentes, cela occupe les prétoriens qui vont, dans ces tueries, se faire la main pour un « travail » plus sérieux ; ces armées elles-mêmes servent de débouché à toute une serie d'idiots et de non-valeurs dont elle serait fort embarrassée et qui, au moyen de quelques mètres de galons, deviennent ses plus enragés souteneurs. Ces conquêtes lui facilitent toute une série de tripotages financiers, au moyen desquels elle écumera l'épargne des gogos à la recherche des entreprises véreuses, elle accaparera les terrains volés aux vaincus ; ces guerres occasionnent des tueries de travailleurs dont le trop-plein la gêne chez elle. Les pays conquis ayant « besoin » d'une administration, nouveau débouché à toute une armée de budgétivores et d'ambitieux qu'elle attache ainsi à son char, tandis qu'inemployés, ils pourraient la gêner sur sa route.

Plus encore, ce sont des populations à exploiter,

qu'elle pourra courber sous le travail, auxquelles elle pourra imposer ses produits, qu'elle pourra décimer sans avoir à en rendre compte à personne. En vue de ces avantages, la bourgeoisie n'a donc pas à hésiter, et la bourgeoisie française l'a tellement bien compris qu'elle s'est lancée à toute vapeur dans les entreprises coloniales.

Mais ce qui nous étonne, ce qui nous écœure, c'est qu'il y ait encore des travailleurs qui approuvent ces infamies, ne ressentent aucun remords de prêter la main à ces canailleries, et n'aient pas compris cette injustice flagrante de massacrer des populations chez elles, pour les plier à un genre de vie qui n'est pas le leur. Oh ! nous connaissons les réponses toutes faites qu'il est d'usage de débiter lorsqu'on s'indigne des faits trop criants : « Ils se sont révoltés, ils ont tué des nôtres, nous ne pouvons pas supporter cela... Ce sont des sauvages, il faut les civiliser... Nous avons besoin des terres qu'ils ne savent pas cultiver... Les besoins du commerce l'exigent... Oui, peut-être, on a eu tort d'aller chez eux, mais les colonies nous ont trop coûté d'hommes et d'argent pour les abandonner, etc., etc. »

« Ils se sont révoltés, ils ont tué des nôtres. » Eh bien ! après ? Qu'allait-on chercher chez eux ? Que ne les laissait-on tranquilles ? Est-ce qu'ils sont venus nous demander quelque chose ? On a voulu leur imposer des lois qu'ils ne veulent pas accepter, ils se révoltent, ils font bien, tant pis pour ceux qui périssent dans la lutte, ils n'avaient qu'à ne pas prêter la main à ces infamies.

« Ce sont des sauvages, il faut les civiliser. » Que l'on

prenne l'histoire des conquêtes et que l'on nous dise après quels sont les plus sauvages, de ceux que l'on qualifie de la sorte ou des « civilisés » ? Quels sont ceux qui auraient le plus besoin d'être « civilisés », des conquérants ou des populations inoffensives qui, la plupart du temps, ont accueilli les envahisseurs à bras ouverts et, pour prix de leurs avances, en ont été torturées, décimées ? Prenez l'histoire des conquêtes de l'Amérique par l'Espagne, des Indes par l'Angleterre, de l'Afrique, de la Cochinchine et du Tonkin par la France, et, à l'heure actuelle, la Tripolitaine par l'Italie, et venez, après, nous vanter la civilisation ! Bien entendu, dans ces historiques, vous n'y trouverez que les « grands faits » qui, par leur importance, ont laissé une trace dans l'histoire ; mais s'il fallait vous faire le tableau de tous les « petits faits » dont ils se composent, et qui passent inaperçus, s'il fallait mettre à jour toutes les turpitudes qui disparaissent dans la masse imposante des faits principaux, que serait-ce alors ? On reculerait écœuré devant ces monstruosités.

J'ai, pour ma part, — ayant passé quelque temps dans l'infanterie de marine, — entendu raconter une foule de scènes qui prouvent que le soldat qui arrive dans un pays conquis s'y considère, par le fait, comme un maître absolu ; pour lui, les habitants sont des bêtes de somme qu'il peut faire mouvoir à son gré ; il a droit de prise sur tout objet à sa convenance, malheur à l'indigène qui voudra s'y opposer, il ne tardera pas à apprendre que la loi du sabre est la seule loi ; l'institution qui défend la Propriété en Europe, ne la reconnaît pas sous une autre latitude. Le soldat, en cela, est encouragé par les officiers qui prêchent d'exemple, par l'administration qui lui met la trique en main pour surveiller les indigènes qu'elle emploie à ses travaux.

Que de faits répugnants vous sont racontés là, naïvement comme choses très naturelles, et, lorsque, par hasard, — si l'indigène s'est révolté, a tué celui ou ceux qui l'opprimaient — vous dites qu'il a bien fait, il faut entendre les cris de stupeur qui accueillent votre réponse : « Comment? puisque nous sommes les maîtres! puisque l'on nous commande ! il faut bien nous faire obéir ; si on les laissait faire, ils se révolteraient tous, ils nous chasseraient. Après avoir dépensé tant d'argent et tant d'hommes, la France perdrait le pays, elle n'aurait plus de colonies !

Voilà où la discipline et l'abrutissement militaires amènent l'esprit des travailleurs ; ils subissent les mêmes injustices, les mêmes turpitudes qu'ils aident à faire peser sur les autres ; et ils ne sentent plus l'ignominie de leur conduite, ils en viennent à servir, inconsciemment d'instruments au despotisme, à se vanter de ce rôle, à ne plus en comprendre toute la bassesse et l'infamie.

Les civilisateurs européens, Italiens, Français ou autres, feraient bien mieux de tirer partie des terres qui sont incultes chez eux, avant d'aller voler celles des autres.

Quant aux besoins du commerce, voilà bien le vrai motif : Messieurs les bourgeois s'étant embarrassés de produits qu'ils ne savent comment écouler, ils ne trouvent rien de mieux que d'aller déclarer la guerre, pour imposer ces produits à de pauvres diables impuissants à se défendre.

Certes, il serait facile de s'entendre avec eux, on pourrait trafiquer par la voie des échanges ; comme ils ne sont pas très ferrés sur la valeur des objets, ceux-ci n'ayant, pour eux, de valeur qu'autant qu'ils leur tirent l'œil, il serait facile de les « enfoncer » et de réaliser de beaux bénéfices ; n'en était-il pas ainsi avant que l'on pénétrât dans le continent noir ? N'était-on pas, par l'intermédiaire des peuplades de la côte, en relation avec les peuplades de l'intérieur ? N'en tirait-on pas déjà les produits que l'on en tire à présent ?

Oui, cela est possible, cela a été, mais voilà le diable ! Pour opérer de la sorte, il faut du temps, de la patience, impossible d'opérer en grand, il faut compter avec la concurrence : « Le commerce a besoin qu'on le protège! » On sait ce que cela veut dire : vite, deux ou trois cuirassés en marche, une demi-douzaine de canonnières, un corps de troupes de débarquement, saluez, la civilisation va faire son œuvre. Nous avons pris une population forte, robuste et saine, dans quarante ou cinquante années d'ici nous vous rendrons un troupeau anémié, abruti, misérable, décimé, corrompu, qui en aura pour très peu de temps à disparaître de la surface du globe. Alors sera complète l'œuvre civilisatrice !

Si l'on doutait de ce que nou avançons, que l'on prenne les récits des voyageurs, qu'on lise la description des pays où les Européens se sont installés par droit de conquête, partout la population s'amoindrit et disparaît, partout l'ivrognerie, la syphilis et autres importations européennes les fauchent à grands coups, atrophient et anémient ceux qui survivent. Et peut-il en être autrement ? Non, étant donnés les moyens que l'on emploie. Voilà des populations qui avaient un autre genre de vie que nous, d'autres aptitudes, d'autres besoins ; au lieu d'étudier ces aptitudes et ces besoins, de chercher à les adapter à notre civilisation, graduellement, insensiblement, en ne leur demandant de prendre, de cette civilisation, que ce qu'ils pouvaient s'assimiler, on a voulu les plier d'un coup ; on a tout rompu ; non seulement elles ont été réfractaires, mais l'expérience leur a été fatale.

Que le rôle de l'homme soi-disant civilisé aurait pu être beau, s'il avait su le comprendre, et si lui-même n'avait été affligé de ces deux pestes : le gouvernement et le mercantilisme, deux plaies affreuses dont il devrait bien songer à se débarrasser avant de chercher à civiliser les autres.

La culture des peuplades arriérées pourrait se poursuivre pacifiquement et amener la civilisation des éléments nouveaux susceptibles, en s'y adaptant, de la revivifier. Que l'on ne vienne pas nous parler de la duplicité et de la férocité des barbares ! Nous n'avons qu'à lire les récits de ces hommes, vraiment courageux, qui sont partis au milieu de populations inconnues, poussés par le seul idéal de la science et le désir de connaître. Ceux-là ont su s'en faire des amis, ont pu passer chez eux sans en avoir rien à craindre ; la duplicité et la férocité ne sont venues que de ces misérables trafiquants qui se décorent faussement du nom de voyageurs ; ne voyant, dans leurs voyages, qu'une bonne affaire commerciale ou politique, ils ont excité, contre le blanc, l'animosité de ces populations, en les trompant dans leurs échanges, en ne tenant pas les engagements consentis, en les massacrant, au besoin, quand ils pouvaient le faire impunément.

Faut-il apporter des faits ? Qu'on lise les livres de Vigné d'Octon ; *Chez les Hovas*, de Jean Carol. Les atrocités des Chanoine et des Voulet ne sont pas si loin de nous que l'on ne se les rappelle encore. Quant aux exploits des « civilisateurs » italiens en Tripolitaine, ils sont de l'heure présente.

Allons, allons, philanthropes du commerce, civilisateurs du sabre, rengaînez vos tirades sur les bienfaits de la civilisation. Ce que vous appelez ainsi, ce que vous déguisez sous le nom de colonisation a un nom parfaitement défini dans votre Code, lorsqu'il est le fait de quelques individualités obscures ; cela s'appelle : « Pillage et assassinats en bandes armées. » Mais la civilisation n'a rien à voir avec vos pratiques de bandits de grands chemins.

*_**

Ce qu'il faut à la classe dirigeante, ce sont des débouchés nouveaux pour ses produits, ce sont des peuples nouveaux à exploiter ; c'est pour cela qu'elle envoie les Soleillet, les de Brazza, les Crampel, les Trivier, les Fourreau, les Lamy, etc., à la recherche de territoires inconnus pour y ouvrir des comptoirs qui livreront ces pays à son exploitation sans bornes ; elle commencera par les exploiter commercialement, pour finir par les exploiter de toutes les façons lorsqu'elle aura placé ces peuplades sous son protectorat ; ce qu'il lui faut, ce sont des terrains immenses qu'elle s'annexera graduellement, après les avoir dépeuplés ; ne faut-il pas beaucoup de place pour y déverser le trop-plein de la population qui l'embarasse ? et acheter les parlementaires qui se font leurs complices à la Chambre.

Vous, dirigeants, des civilisateurs ? Allons donc !. Qu'avez-vous fait de ces peuplades qui habitaient l'Amérique et qui disparaissent tous les jours décimées par les trahisons, auxquelles, au mépris de la foi jurée, vous arrachez, peu à peu, les territoires de chasse que vous aviez dû leur reconnaître ? Qu'avez-vous fait de ces peuplades de la Polynésie, que les voyageurs s'accordaient à nous montrer comme des populations fortes, vigoureuses ; de vrais types de beauté ; et qui, maintenant, disparaissent sous votre domination ?

Vous des civilisateurs ? Mais du train dont marche votre civilisation, si les travailleurs devaient succomber dans la lutte qu'ils vous livrent, vous ne tarderiez pas à périr à votre tour, sous votre indolence et votre paresse, comme sont tombées les civilisations grecque et romaine, qui, venant prendre part à la lutte, dans la plénitude perdu toutes les facultés de lutte pour ne conserver que celle de jouir, ont succombé bien plus sous le poids de leur avachissement que sous les coups des barbares, qui, venant à prendre part à la lutte, dans la plénitude de leurs forces, n'ont pas eu grand'peine à renverser cette civilisation en pleine décomposition.

Comme vous avez pris à tâche de détruire les races, non pas inférieures, mais seulement retardataires, vous tendez de même à détruire la classe des travailleurs, que vous qualifiez aussi d'inférieure. Vous cherchez tous les jours à éliminer le travailleur de l'atelier, en le remplaçant par des machines. Votre triomphe serait la fin de l'humanité ; car, perdant peu à peu les facultés que vous avez acquises par la nécessité de lutter, vous retourneriez aux formes ancestrales les plus rudimentaires, et l'humanité n'aurait bientôt plus d'autre idéal que celui d'une association de sacs digestifs, commandant à un peuple de machines, servies par des automates, n'ayant plus d'humain que le nom.

Impr. LA PRODUCTRICE (Ass. ouv.), 51, r. Saint-Sauveur.— Tél. 121.78. — 193

COLLECTION DE LITHOGRAPHIES

Capitalisme, par Commin'Ache. — **Education chrétienne**, par Roubille. — **La Débâcle**, dessin de Vallotton, gravé par Berger. — **Le dernier gîte du trimardeur, par Daumont**. — **L'Assassiné**, par C. L. — **Souteneurs sociaux**, par Delannoy. — **Les Défricheurs**, par Agard. — **Les Bienheureux**, par Heibdrinck. — **La Jeune Proie**, par Lochard. — **Le Missionnaire**, par Willaume. — **Frontispice**, par Roubille — **L'Homme mourant**, par L. Pissaro. — **Sa Majesté la Famine**, par Luce. — **La Vérité au Conseil de Guerre**, par Luce. — **Provocation**, par Lebasque. — **Ceux qui mangent le pain noir**, par Lebasque. — L'édition ordinaire. **2 francs.**

Il ne reste plus qu'en nombre restreint : **L'Incendiaire**, par Luce — **Porteuses de bois**, par C. Pissaro — **L'Errant**, par X. — **Le Démolisseur**, par Signac. — **L'Aurore**, par Willaume. — **Les Sans-Gîte**, par C. Pissaro. — **On ne marche pas sur l'herbe**, par Hermann-Paul. — **Mineurs belges**, par Constantin Meunier. — **Ah! les sales Corbeaux**, par J. Hénault. — **La Guerre**, par Maurin. — **Epouvantails**, par Chevalier. — **La Libératrice**, par Steinlein. — L'édition ordinaire, **3 francs.** Pour les éditions d'amateurs, s'informer au préalable, quelques-unes sont épuisées.

Aux petits oiseaux, par Willette. **10 francs.**

Reproduction des **Errants**, de Rysselberghe, édition ordinaire, **1 fr. 25**; sur japon, **3 fr. 50.**

Contre Biribi, album de 9 dessins de : Delannoy, Grandjouan, Luce, Maurin, Raïter, Rodo, Signac et Steinlen.

Une Rue de Paris en Mai 71, par Luce, tirée en souscription à 75 exemplaires, dont 15 sur Japon ; 7 francs ordinaire ; 10 francs sur japon.

Miséreux, par Naudin, même tirage, même prix.

Il ne reste plus qu'un nombre très limité de collections complètes. Elles sont vendues **75 francs** l'édition ordinaire, **150 francs** celle d'amateur.

LITHOGRAPHIES EN COULEURS

Les Temps Nouveaux, Willaume, épuisé, une dizaine d'exemplaires à **5 francs**; **La Charrue**, Pissaro, édition ordinaire, **2 francs**; d'amateur, **3 fr. 50**; **Drapeau rouge**, Luce, édition ordinaire, **2 francs**; d'amateur, **3 fr. 50**; **La Mère**, Lebasque, édition ordinaire, **2 francs**; d'amateur, **3 fr. 50**; **La Confession**, Hermann Paul, édition ordinaire, **2 francs**; d'amateur, **3 fr. 50.** — Ces lithos ont été tirées pour servir de frontispice aux volumes de notre supplément, mais peuvent s'encadrer. **37-28.**

Repaire de Malfaiteurs, par Willaume, tirage ordinaire, **2 francs**; tirage d'amateur, **5 francs.** Il en reste très peu des deux.

Album, contenant les 52 dessins parus dans la 11ᵉ année des *Temps Nouveaux*, dessins au crayon de Agard, Bradberry, Couturier, W. Crane, Delannoy, Delaw, Kelner, Grandjouan, Hénault, Hermann-Paul, P. Iribe, Jossot, Kupka, Lebasque, Roubin, Roubille, Rysse berue, Steinlein, Van Dongen et Willaume.

Prix : 5 francs; Franco : 6 francs.

9 782013 425384